Inhalt

Starker Binnenkonsum - niedrige Zinsen steigern die Kauflust

Kernthesen

Beitrag

Fallbeispiele

Weiterführende Literatur

Impressum

Starker Binnenkonsum - niedrige Zinsen steigern die Kauflust

Robert Reuter

Kernthesen

- Die deutsche Wirtschaft ist im ersten Quartal dieses Jahres um gerade einmal 0,1 Prozent gewachsen.
- Volkswirte sind uneins, ob nun auch Deutschland in den Strudel der Euro-Krise gerät, oder ob eine baldige Belebung bevorsteht.
- Dass überhaupt ein kleines Plus erzielt wurde, liegt am starken Binnenkonsum. Wegen der negativen Realzinsen sitzen die Portmonees bei der Bevölkerung weit lockerer als sonst.

Beitrag

Verschnaufpause oder anhaltende Schwächeperiode?

Die deutsche Konjunktur leidet unter Frühjahrsmüdigkeit, und die Experten rätseln, warum. So wuchs die deutsche Wirtschaft im ersten Quartal dieses Jahres um nur 0,1 Prozent. Experten hatten zuvor ein Plus von 0,3 Prozent erwartet. Auch wichtige Frühindikatoren wie der ifo-Geschäftsklimaindex und der Einkaufsmanagerindex für die Industrie zeigen eine deutliche Abkühlung. Der Maschinenbau hat im ersten Quartal dieses Jahres beim Auftragseingang empfindliche Rückgänge verzeichnet. All diese Meldungen widersprechen den Prognosen zum Jahresbeginn, als die Volkswirte fast unisono von einem größeren Wirtschaftswachstum ausgingen als im letzten Jahr. Die Frage, die sich jetzt stellt, ist die, ob die deutsche Wirtschaft nur vorübergehend schwächelt, oder ob sie nun auch vom Sog der rezessiven Entwicklung in den europäischen Nachbarländern erfasst wird. (1), (2), (9)

Impulse bleiben aus

Mit belebenden Impulsen aus den weltweit führenden Volkswirtschaften kann Deutschland nicht rechnen. So legte das Bruttoinlandsprodukt in den USA im ersten Quartal nur um 0,6 Prozent zu, was für einen messbaren Anstieg der Einfuhren zu wenig ist. Der Grund für die schwache US-Konjunktur ist diesmal die den Ministerien verordnete Haushaltsdisziplin. Die Regierung wird 2013 etwa 85 Milliarden US-Dollar weniger in den Wirtschaftskreislauf pumpen als 2012. Auf das eigentlich mögliche Wachstum könnte sich die Knauserigkeit der öffentlichen Hand mit einem Minus von 0,5 Prozent auswirken. Da rund zehn Prozent der deutschen Exporte über den großen Teich gehen, könnte sich die Lage der US-Wirtschaft unmittelbar auf die deutschen Unternehmen auswirken. Dies gilt insbesondere für den Maschinenbau, der seine Ausfuhren nach Amerika im letzten Jahr deutlich ausweiten und damit die Rückgänge im Chinageschäft mehr als kompensieren konnte.

Im Reich der Mitte gewöhnt man sich derzeit ebenfalls an eine langsamere Gangart. Zwar nahm die Wirtschaftsleistung im ersten Quartal dieses Jahres um satte 7,7 Prozent zu, doch ist das Land damit von früheren Wachstumsquoten weit entfernt. Zudem scheinen strukturelle Missstände immer stärkeren Einfluss auf die Wirtschaft zu nehmen. Kommunen und Provinzen haben hohe Schulden, während der Schattenbankensektor weiter gefährlich wächst.

Gewohnt schlecht sind die Nachrichten aus den europäischen Nachbarländern. Selbst die EU-Kommission rechnet nicht mehr damit, dass die Krisenländer die vereinbarten Ziele für das Haushaltsdefizit erreichen. Die von der Bundesrepublik durchgesetzte Sparpolitik verheißt zwar prinzipiell nichts Gutes für das Wirtschaftswachstum, da die öffentlichen Hände kaum investieren können. Für die Perspektive Europas spielt die Haushaltsverschuldung jedoch sehr wohl eine Rolle, und da sieht es immer noch nicht gut aus. Spanien hat sein ohnehin hohes Defizitziel von 4,5 Prozent des Bruttoinlandsprodukts auf 6,3 Prozent angehoben. Frankreich konnte sein für 2012 anvisiertes Ziel von 4,5 Prozent ebenfalls nicht erreichen und landete bei 4,8 Prozent. Frankreich und Portugal verhandeln darum mit der EU-Kommission über längere Fristen für die Haushaltskonsolidierung.

Der exportabhängigen deutschen Wirtschaft droht durch die fortbestehenden Haushaltsprobleme in Europa Ungemach, denn rund 37 Prozent der Ausfuhren bleiben auf dem Kontinent. [(1)](), [(2)](), [(9)]()

Schlechtes Wetter drückt auf die Konjunktur

Das Miniwachstum der deutschen Wirtschaft im ersten Quartal ist allerdings auch eine Folge des schlechten Wetters. Der harte Winter und das derzeit kaum freundlichere Frühjahr legen traditionell die Bauwirtschaft lahm und bremsen in manchen Bereichen zudem die Industrieproduktion. Die Volkswirte der Commerzbank schätzen, dass Kälte und Schnee das BIP-Wachstum um 0,2 Prozent dezimiert haben. Positive Impulse kamen damit zwischen Januar und März fast ausschließlich vom privaten Konsum. (9)

Niedrige Zinsen kurbeln den Binnenkonsum an

Die Zinspolitik der Europäischen Zentralbank fokussiert sich derweil weiter auf die Krisenländer. Die Senkung des Leitzinses von 0,75 Prozent auf den historischen Tiefststand von jetzt 0,5 Prozent soll den unterfinanzierten Unternehmen helfen, billiger an Kredite zu kommen. Deutschland brauchte diese Maßnahme eigentlich nicht, denn eine Kreditklemme ist derzeit gar nicht zu beklagen. So war es ausgerechnet die Bundeskanzlerin selbst, die auf dem Sparkassentag offenherzig davon sprach, dass für Deutschland eigentlich höhere Zinsen besser wären. Für die Bemerkung musste die Kanzlerin tüchtig Kritik einstecken, obschon klar ist, dass sie mit ihrer Äußerung wohl den Sparkassen nur eine kleine Freude bereiten wollte. Diese leiden nämlich unter dem schwindenden Zinsüberschuss, den ihnen das niedrige Zinsniveau einbrockt, und der ihre wichtigste Einnahmequelle darstellt.

Volkswirte hingegen kommentieren die Zinssenkung als wenig schädlich, aber auch als ebenso wenig nützlich. So sei es fraglich, ob der neue Tiefststand tatsächlich dazu führe, dass Unternehmen leichter an Geld kommen. Unzweifelhaft sorgt die EZB-Zinspolitik jedoch für eine schleichende Enteignung der Sparer. Trotz der überraschend niedrigen Inflation wird das Geld auf Sparbüchern oder Tagesgeldkonten jedes Jahr weniger. Auf den Binnenkonsum haben die Minirenditen freilich einen guten Einfluss. Da die Menschen nicht zusehen wollen, wie ihr angelegtes Geld weniger wird, ziehen sie geplante Investitionen vor. (3), (5)

Trends

Die Deutschen kaufen weiter ein

Die negativen Realzinsen werden den deutschen Binnenkonsum auch im laufenden Jahr weiter hoch halten. Die OECD geht sogar davon aus, dass die in Deutschland traditionell hohe Sparquote unter die Zehn-Prozentmarke fallen wird. Fast scheint es damit so, dass die Deutschen nicht mehr Angstsparer, sondern Angstkonsumenten geworden sind. Sollten die Zinsen irgendwann wieder steigen und von den Banken an die Anleger weitergegeben werden, wird es mit dem Kaufrausch allerdings vermutlich schnell wieder zu Ende gehen. (8)

Zweites Quartal soll Aufschwung bringen

Den im Sinkflug befindlichen Indizes zum Trotz sehen einige Volkswirte für das zweite Quartal 2013 einen Wachstumsschub voraus. So rechnet beispielsweise die Bundesbank mit einer spürbaren Belebung. Für die Annahme spreche insbesondere, dass bei Bauinvestitionen nach dem langen Winter einiges nachgeholt werden müsse. Als positiv vermerkt die Bundesbank zudem den Umstand, dass die Schuldenquote zurückgeht. Ein wichtiger Grund dafür ist, dass bei den staatlichen Bad Banks per saldo Verbindlichkeiten getilgt werden, was schwerer wiege als die Milliardenkosten für die Rettung angeschlagener Pleite-Staaten. (6)

Fallbeispiele

Deutschland in der Vorsorgefalle

Die niedrigen Zinsen machen es den Versicherern immer schwerer, ihre Renditezusagen einzuhalten. Im Jahr 2000 wurden Renten- und Lebensversicherungen noch mit 7,22 Prozent verzinst. Heute ist es nur noch die Hälfte, und der Trend zeigt nach der letzten Zinssenkung weiter nach unten. Die vom Staat zur privaten Altersvorsorge gedrängte Bevölkerung bekommt damit ein wachsendes Problem. In der jetzigen Lage lässt sich nämlich kaum noch absehen, wie viel von dem Angesparten in späterer Zeit tatsächlich zur Verfügung steht. (7)

Forschungsinstitut sieht nur minimales Wachstum

Nach Ansicht des Instituts der deutschen Wirtschaft Köln wird die deutsche Wirtschaft 2013 im

Jahresdurchschnitt um 0,75 Prozent wachsen. Der Außenhandel werde allerdings etwa stärker zulegen. Für 2014 erwartet das Forschungsinstitut einen Zuwachs des Bruttoinlandsprodukts von 1,5 Prozent. Auch diese Zahlen ließen sich jedoch nur erreichen, wenn der Binnenkonsum in Deutschland unverändert hoch bleibe. (4)

Weiterführende Literatur

(1) Die deutsche Wirtschaft im Sog der Euro-Krise
aus WirtschaftsWoche online vom 2013-05-07

(2) Deutschlands Manager bremsen die Wirtschaft
aus DIE WELT, 10.05.2013, Nr. 107, S. 9

(3) Draghi am Zins-Drücker
aus Handelsblatt online vom 30.04.2013

(4) Erholung ohne Schwung – IW-Konjunkturprognose Frühjahr 2013
aus IW-Trends, Heft 02_nlf1/2013, S. 1-44

(5) Deutsche Verbraucher verhindern Rezession
aus DIE WELT, 16.05.2013, Nr. 112, S. 9

(6) Bundesbank prophezeit Comeback der deutschen Wirtschaft
aus manager-magazin.de vom 21.05.2013

(7) Aus der Traum!

aus DER SPIEGEL vom 06.05.2013 Seite 62

(8) WARUM EIGENTLICH... ...sparen die Deutschen trotz der unsicheren Zeiten immer weniger?
aus WirtschaftsWoche NR. 022 vom 27.05.2013 Seite 042

(9) Deutsche Wirtschaft tritt auf der Stelle
aus Handelsblatt online vom 15.05.2013

Impressum

Starker Binnenkonsum - niedrige Zinsen steigern die Kauflust

Bibliografische Information der deutschen Nationalbibliothek

Die Deutsche Nationalbibliothek verzeichnet diese Publikation in der deutschen Nationalbibliografie; detaillierte bibliografische Daten sind im Internet über http://dnb.d-nb.de abrufbar.

ISBN: 978-3-7379-1701-8

© 2015 GBI-Genios Deutsche Wirtschaftsdatenbank GmbH, Freischützstraße 96, 81927 München, www.genios.de

Alle Rechte vorbehalten. Dieses Werk ist einschließlich aller seiner Teile – z.B. Texte, Tabellen und Grafiken - urheberrechtlich geschützt. Jede Verwertung außerhalb der Grenzen des Urheberrechtsgesetzes bedarf der vorherigen Zustimmung des Verlags. Dies gilt insbesondere auch für auszugsweise Nachdrucke, fotomechanische Vervielfältigungen (Fotokopie/Mikroskopie), Übersetzungen, Auswertungen durch Datenbanken oder ähnliche Einrichtungen und die Einspeicherung und Verarbeitung in elektronischen Systemen.